Nada brilla en los rincones

CLAUDIA PRADO

Nada brilla en los rincones

LA COZ 2024 VALENCIA

PRIMERA EDICIÓN: ABRIL 2024

© CLAUDIA PRADO 2024

© LA COZ 2024 LIBROSLACOZ@GMAIL.COM

DISEÑO EDITORIAL: EUGENIA PARRADO

ISBN: 978-84-128415-5-8 DEPÓSITO LEGAL: V-1962-2024

EDITOR: IGNACIO DOCAVO

EL INTERIOR DE LA BALLENA

(2000)

I

Fácil
en la lucidez de la mañana
la risa del peón
corta el aire helado
entre la casa y los galpones.
El patrón
con voz malhumorada
prefiere dirigirse a los caballos.
Mientras arrastran los recados
dos chicos
sonríen y murmuran,
para ellos
la burla es todavía
una destreza
en la que no pueden probarse.
Enseguida
los cuatro cabalgando
se alejan
y se hacen diminutos.
Alrededor de la casa
y de los álamos
el horizonte vuelve a ser
un círculo impecable.

2

Se movía en la cocina
disfrutando a su manera
la mañana
y el cuerpo descansado.
Afuera
el sol caía puro y sin calor
sobre las piedras,
el pasto, los zanjones.
Cuando el fuego comenzó
a trepar por su vestido
no recordó
que estaba sola.

Casi nunca
comentan los detalles:
el humo
detrás suyo por la puerta,
ella corriendo por el campo.
Prefieren repetir
que los hombres
como siempre estaban lejos
y hablan de las graves
definitivas consecuencias
de un descuido.

3

Al atardecer
regresan en silencio,
dejan atrás
el cielo enrojecido
con una crueldad
que no descubren.
Mañana
va a haber viento, piensan
y no esperan más presagios.
Sobre sus cabezas
planea un aguilucho
en el aire vacío, transparente
nada anuncia la tristeza,
la cocina ennegrecida
ni los restos
de un incendio moderado
que a pesar de la sequía
no llega al tronco
de los álamos.

1900 EL VIUDO

la siesta
en la habitación a oscuras,
seguías con el dedo
una imperfección del revoque
incapaz de comprender
las obligaciones de un hombre
te ocupabas
de tus pequeñas nostalgias

dejaste en orden
la ropa, las ollas,
la mesa
con furiosas puntillas
clausurada la casa

1908 REGRESO

Un hombre cierra los ojos,
se deja conducir.
De todas formas
el caballo siempre vuelve.
Como se acaricia
en la oscuridad a un amante
y se lo invoca por partes,
discontinuo
según el deseo lo prefiera,
el hombre que regresa cabalgando
compone y descompone
la meseta amarilla bajo el viento suave.

no es el gusto
de caminar entre las piedras
el extremo del vestido
borroneado por el viento

ojos de arponera
por supuesto ojos avizores
para no dejarse confundir
por el golpe de las olas

ser la primera que distingue
un lomo oscuro
como una isla intermitente
a la deriva

la que sabe dar
con la mirada en donde saltan

mi abuela
se hacía entender
por insistencia:
podía contar una y otra vez
el camino
que recorría para verlas

una y otra vez y repetir
que por fuera
las ballenas son enormes
enormes e increíbles
como casas que saltaran

para qué pensar
en qué tienen adentro

otros hablan
del espacio interior
de una ballena
lo completan con Jonás,
Pinocho, un hombre
que cocina, ella
coleccionaba sólo
imágenes rotundas

Te seguí una mañana
hasta el final del camino
y juntos
miramos el mar, el cielo
y las hojas
carnosas y brillantes
que había dejado la lluvia.
—¡Qué día
para olvidar el trabajo
y disfrutar del paisaje!
—No sé —dijiste y vi
que la mañana
de verdad era fría
y no había qué hacer
en la playa desierta.

1965 ÁNIMA

me pregunto qué parezco
acodada en la ventana
del chalet Pujol

para qué exhibo
unas horas cada noche
este ademán de niña antigua

primero llegaron desde Europa
los mosaicos, el mármol
y las tejas,
entre las matas bajas crecieron
exóticas pilas de cajones

entramos,
un poco atontadas por el viaje,
el chalet encima de la loma
parecía un castillo
precioso en una torta

de qué se asustan
si por años
me han visto aquí juiciosa
como si posara para mi retrato

es verdad que caí
desde la ventana más alta
con mi mejor vestido

pero desde entonces
las luces han pasado
la primera curva de la playa
y yo sólo alguna vez
los saludé de lejos

si mamá quedaba sola
huía por la casa,
acechaba mi reflejo
sobre los mosaicos

se fueron
cuando no se pudo más,
detrás suyo los baúles
en filas de carretas

yo no sé
por qué aparezco,
obstinada heredera
de una perspectiva

mientras espero,
el aspecto de las cosas
va cambiando

apenas me consuela
invariable como yo
la distribución de las estrellas

VIAJAR DE NOCHE

(2007)

INSOMNIO

Soy yo la que no duerme
no sé
dónde poner los brazos
ni cómo respirar.
Camino hasta la puerta,
escucho cómo cruje
la casa en el crepúsculo.
Quiero saber
si ya se levantaron
si descubrieron
en medio de la noche
el accidente, si ocurrió,
si tengo alguna culpa.
Oigo una puerta,
la llave de luz o una hornalla
que se enciende
antes del día.
Será mi padre
que no duerme de tan triste,
prepara alguna cosa
y la toma
bajo la luz amarillenta.
Pero salgo
y no encuentro a nadie
que se mueva,

esa luz en la casa
es la mañana.

MOSQUITOS

Ahora se da cuenta
de que estoy ahí
y detiene el movimiento
justo antes de aplastar
al insecto
contra el mostrador.
Este hombre
disimula por un mosquito
y esa mujer
le grita a su hijo,
pero si la ven
también sabe callarse
y se aleja,
el peso del nene
colgando de una mano.
Vos en cambio no te detenías,
encendías la luz
en mitad de la noche,
buscabas el insecto
hasta encontrarlo
y lo aplastabas,
yo te miraba con espanto
y alivio
desde la cama.

LA BUENA VOLUNTAD

Entre todos los paseos
elegimos uno: miramos en el mapa
las líneas de puntos
que unían un lago con otro
o se perdían haciendo zigzag,
pusimos atención
esforzada a las fotos
—el azul mal impreso del cielo,
las ramas detenidas
en la corriente de un río—,
y vos anotaste con letra segura
atrás de un volante
horarios y precios.
Elegimos bien, finalmente.
Esa tarde
sobre la garganta del diablo
vi planear un cóndor, y a vos
que me hacías con la mano
un diminuto saludo,
tan lejos habías logrado llegar.
Durante todo el paseo
sonreímos
como si hubiésemos encontrado
el camino de regreso
a la felicidad.

PIEDRITAS

Busco piedras lisas
para vos en la orilla del lago,
las busco con la vista
y estiro la mano hasta alcanzarlas
a través de la distancia
engañosa del agua.
De a ratos parece
que voy a descubrir el secreto
de la erosión y el moldeado:
las que necesito son verdes o esas
rojas que fueron ladrillos
o estas blancas de arcilla porosa,
piedritas iguales
a las que había cerca de casa.
Aparecen solas,
simples en su cama de arena
o en un montón variado, el borde
trabado bajo una roca grande.
A veces una lleva a otra, el color
empieza a repetirse
y no puedo detenerme
si no las alzo a todas, hago
movimientos rápidos
porque los dedos no toleran
la temperatura del agua,

pero sólo cuando la giro al sol
puedo saber si ésta
que brilla en mi palma
es la que buscaba,
una piedra tan lisa, tan plana
que pueda volar
desde tu mano chiquita,
rebotar una, dos, cinco veces
y volver a perderse
en el fondo del lago.

PIEDRITAS 2

Sólo ese día hizo calor,
el primero, después
se terminó el verano.
El lago brillaba
y nos sentamos a tirar piedritas
y a imaginar una vida nueva
en la que bastaría
con girar la cara
para que nos diera el sol.
Vos elegías las tuyas
cuidadosamente
y las arrojabas
con ese movimiento preciso
que me lleva siempre
directo a tu infancia.
Entonces, las veíamos saltar
dos, tres, cinco veces,
livianas, casi sin quebrar
la superficie del agua.
Yo, en cambio,
habituada a mi torpeza
dejaba que las mías cayeran
no importa dónde
que golpearan
lo mismo el agua o la tierra

como quien habla solamente
para decir *estoy acá*.

EL SUEÑO DE MAMÁ

No cuenta sueños, menos
un sueño de la infancia
sin embargo en ese
como si hubiese sido el único
se ofrecía
para que la comieran.
Absurdo imaginarlo:
ocho hermanos
frente a una mesa vacía
A mí, cómanme a mí.
En cambio
imaginé una res colgando,
carne cualquiera o esa foto
de un bicho inerte en un galpón.
Para entender basta ese sueño.
Pero acá estamos
pidiendo liviandad
que nuestras cartas
no hablen sino del sol
que de una insignificancia
salten a otra.

OVNI

Ahora viajaban a velocidades
a las que no estaban habituadas,
la hija al volante
y la madre tejía. Sí,
a veces recordaba con sorpresa
que su hija sabía manejar,
se lo contaba a sí misma.
A ella le gustaba
cómo iban cambiando las cosas.
La conversación era dulce
y riesgosa, afuera
sobre el fondo de la noche
cruzaban muy rápido
unas sombras oscuras.
Sólo las dos en la ruta, tan lejos
los cuidados
con los que se hace la vida.

Y de pronto
los puntos del tejido
se podrían haber contado de un vistazo.
Una luz enorme. Les dio
con más precisión que el día.
¿Semejante luz
para unas manos arrugadas

para una hija y una madre, las dos viejas?
No, no las buscaba a ellas.
Quiso simplificar y dijo:
Eva, no contemos nada.
Van a decir que por un rato
nos volvimos locas.

OVNI 2

Paso el mes entero en vela.
Lo mismo cada enero.
Hace años escribo
esta crónica de ovnis,
pero no observo
atentamente el cielo.
Pesco o tomo,
como cualquiera.
Este verano
elegí una playa rocosa
y espero
junto a los pescadores.
Me gusta la oscuridad,
el silencio que rompen
con bromas casuales,
caminar varios metros
para dar fuego o prestar
un cuchillo.
Me gusta admirar
el hallazgo del otro
en el fondo del balde.
Las sacudidas,
los pequeños destellos
de un pez que rebota
igual que un ovni en el cielo,

un pececito
alegre y redondo
como una moneda.

JOSÉ CUANDO HABLA

Sobremesa en el campo
tus ojos
de animal curioso dicen
si hay que escapar escapo
mientras se escucha no
nadar no sé
pero si hay que hacerlo
lo hago
y no me gusta pescar
cocinar ni tendría
un perro y no
no hablaría con ustedes
de mi novia
y por supuesto
no me gusta este trabajo

pero si hay que hacerlo
lo hago.

Y no sos torpe
no es torpeza en la expresión
es no poder olvidar
unos golpes en la infancia
el frío en los pies el peso
del trabajo hace un momento

saber que el plato
que aceptás en el mejor
de los casos es un juego

peligroso
si se olvida lo evidente:
la distancia
de lo que hacés
a lo que harías.

OVNI 3

el paisaje no más
que una foto de fenómeno,
no una prueba, sino
la metáfora inexacta
obtenida con la pocket,
pero en el cielo
está el objeto *estuvo*
suspendido varios días,
una esfera deslucida
blanquecina
como el pueblo,
alguien instala
en el techo de su casa
un telescopio
y lo vemos
parece una mancha
en el lente, una pelusa
suspendido varios días
pero se oculta el regocijo
como si una guerra
o un escándalo
aliviasen la rutina,
el objeto
como vos algunas veces
impasible hasta lo insólito,

y la gente como yo
inventando
con marcianos
graves diálogos secretos

era un ovni, lo dejaron
estático en el cielo,
tenía la fijeza
la apariencia inofensiva
de un deseo insatisfecho

MI CASA

Otra vez
la misma observación,
llegan
se sientan frente al vaso
y descubren
que no hay cuadros
en las paredes de esta casa,
la vergüenza
de que lleve tanto tiempo
recomponer la vida.
Hasta vos
en tu última visita.
Sólo nos quedaba
mirar la pared desde la cama
y preguntaste por qué
esa pared vacía,
por qué
—el verbo en singular—
no podés colgar un cuadro.

VAGÓN COMEDOR

mi querido,
este vagón es todo
flores
decorado por un chino
¡sin vos
se está tan bien
en las cosas
que se mueven!
la ternura traicionera
no te dé
esos mordisquitos,
yo no extraño
el ventilador
de nuestra casa,
ni alguna otra
de las cosas
que teníamos,
acá hay tostadas
de pan rancio
y en la mano el mozo
tiene una herida
horrible,
pero en cada mesa
hay cubiertos
tintineantes

y en ninguna falta
maceta
y flor de plástico,
así que si me viene
a la cabeza un gesto
tuyo o si el mozo
se incomoda
porque en su puño
hay sangre seca,
no importa, yo le digo
que a turistas
como yo nos interesa
todo tipo
de experiencia
¡mi amor, se está
tan bien
en las cosas que se mueven!

PRIMERO

(2020)

Yo he vivido cerca de otras personas y me he guardado en la memoria recuerdos que no me pertenecen.

Felisberto Hernández

Los poemas de este libro se escribieron a partir de los primeros recuerdos de la infancia de distintas personas. (*N. del E.*)

CARAMELOS. CHELA Y EMILIANO

¿Qué es lo primero para vos
Emiliano? Para mí, la abuela de negro
sentada en la galería que da al mar.
Sí, un vestido que llegaba casi al piso
y en el medio una hilera
de botones claros.
Siempre tenía caramelos
escondidos en el bolsillo.
Y escondida también la botella de anís.
Era muy vieja la abuela. ¿Vieja
como nosotros? No tanto.

Cerca de los ochenta
conversan los más jóvenes
de los cinco hermanos, juntos
hacen equilibrio en el recuerdo
como sobre un tronquito
de esos que se tiran
para cruzar un charco.

LA SEQUÍA. ISABEL

Dice que su hermana se enfurece
si escucha que a alguien
le gusta el campo.
¡Le gusta el campo, que se joda!
Que se joda como ese año las vacas
mugiendo de hambre toda la noche
como la gallina degollada
antes de tiempo, como nosotras
como papá, Ángel y yo
usando palos de palanca
para levantar los animales
que se joda como esos palos
como los brazos
doloridos, como la lengua seca
de las vacas y el pasto muerto
como las mulas llevando el agua
y esos años de trabajo perdidos.

Dice que entiende
el enojo de su hermana
pero que ella era muy chica.
Le queda, sí, el silencio
de la casa sin adultos, el golpe
oscuro del propio corazón
y una queja tan aguda, tan grave

que no podía ser de una garganta.
Era la noche
que se moría de sed.

UN OJO. ÁNGELES, JÉSSICA, DANIELLA

cuentan idéntico recuerdo
niñas de décadas distintas

El muñeco preferido, de trapo
o de peluche, envejece. Los colores
más lavados, las costuras flojas
se lo nota desganado en el abrazo.
Un día pierde un ojo. Es difícil
sostener esa mirada
incompleta. Si le faltase
una cosa singular como la boca
lo hubiesen aceptado.
Pero todavía
conserva el brillo de una cuenta
de plástico, ahora sola,
y el otro lado de la cara liso.
El ojo que falta no aparece, no rodó
a ningún rincón, no está
debajo de la cama
donde comprueban,
de paso y con alivio, que no vive
ese espanto de mujer
la del rostro oculto bajo el pelo.
No, no hay nada brillante
en los rincones, nada oscuro
solo un poco de pelusa.

VELOCIDAD. EDUARDO

Cuando yo vi esa foto
fue volver en el tiempo
a escribir con tiza mi nombre
en esa puerta de chapa:
"corredor de autos, Eduardo Gatica". No sé
cómo pueden seguir
treinta años más tarde esas palabras azules
en una chapa oxidada. La puerta,
me acuerdo, daba a una caldera
de entrada prohibida, calor y negrura.
En esta parte del mundo, tan lejos de casa
la foto de mi nombre con tiza
abre una pregunta.
Yo contesto que sí.
El nombre es idéntico, la velocidad
me gusta igual que de chico.

CUMPLEAÑOS. DARLEY

Dos hermanos de pie
frente a una torta, los llamaron
para soplar las nueve velas
puestas a la deriva
sobre una piscina de fondant y granas.
Agradecen los saludos, los regalos
pero no es alegría
la emoción más duradera de la tarde.
Los desconcierta
que se haga un único festejo
para acontecimientos
ocurridos en fechas separadas.
Se llevan once meses, veinte días
veintiuno cuando es bisiesto el año.
No es mucho tiempo, el suficiente
para aferrarse a las diferencias.
¿No se dice además que uno nace
y sigue solo?
Los dos miran perplejos
la superficie de la torta, el agua
celeste hecha de azúcar
no refleja. Soplan.

BOMBA ATÓMICA. CEFERINO

En qué pensaba
cuando nos hizo pintar la bomba atómica
colosal forma de humo, colores
gases tóxicos, hongo grave
ascendiendo sobre las hojas *canson*
con el poder de lo microscópico
en qué pensaba cuando consiguió silencio
veintidós cabezas concentradas
en las posibilidades del desastre.

Cada uno pegó con una chinche
su dibujo
en la galería de la escuela.
Y yo el mío: gris
de una noche de tormenta
amarillo reseco del pasto, rojo
del pasto si arde. Una explosión
con la posibilidad de mis lápices.
No supe más de esa maestra
una mujer amable
que dedicó la mañana a mostrarnos
cómo lo triste y lo bello
pueden compartir el espacio.

LEJOS. CLAUDIA

De pronto en ese lugar de la siesta
allá por el tendal o el lavadero
donde a esta hora
solo ella se mueve, canta.
No habrán sido tantas veces.
Las palabras antiguas e infantiles
y la voz de mujer grande, un hilito
casi hablado que se sostiene apenas.
Siempre nos dijo: *Sordos*
como una tapia.
En esta casa no sabemos cantar.
Trabaja
cuando la casa está en silencio
sacude una sábana
dobla, marca el pliegue
los gestos que repite son más viejos
que ese pedacito de canción.
No se podría decir que está contenta.
Es otra cosa.

Yo en medio de la noche en la que leo
pienso en ella —la voz pobre de tan tímida—.
Nunca oyó cantar a su madre, dice el libro
Pero tiene una boca dulce.
Y siento un golpe, un hueco

el tiempo yéndose.
Estoy lejos. Mi mamá a veces canta.

ABEJAS. CLAUDIA

Al lado de la ruta un hotel vacío
el conserje absorto
en la pantalla que refleja
la recepción del tamaño de un juguete.
Mis primos se pelean, hacen de almohadones
otra vez el mismo túnel
y no los callan porque acá no llega nadie.
Ya hace tiempo
el pueblo entero está vacío.
Yo los vigilo, quisiera ser alguno de ellos
la camisa a cuadros y el orgullo
de las rodillas lastimadas.
También cazan abejas
sobre la pared de salpicré.
Un arte que hoy van a enseñarme:
Se ataca por detrás, una yema
a cada lado, los dedos como pinzas
sujetando con firmeza
otro miedo diminuto.
El conserje no mira nunca alrededor
sube el volumen.
En cambio para mí
todavía existen pocas cosas:
el insecto entre los dedos, mis primos
que festejan.

EL VESTIDO. ISABEL

A esta rama, cree
no llegó ningún hermano, no saben
que desde acá se alcanza a ver
la huerta del vecino, el lomo
de las vacas, un perro
que tira de una cuerda, le gruñe
a un fantasma.
Desde acá los tomates maduros
son puntitos salpicados
debajo de las hojas.
Mientras observa, piensa
qué van a decir cuando les cuente.
O mejor sería que la vean.
Puede ir más alto. Pero se estira
y siente el tirón. Había olvidado
que hoy tiene vestido.
Nuevo, feo, igual a todos
de ese algodón
que elige el padre en el pueblo
cuando compra
los tornillos y el azúcar.
Llora y mira la piel
entre las dos partes de tela.
Las junta con las manos
como si pudieran pegarse.

Decide no bajar.
Ha roto el vestido el primer día

LA CERTEZA. DANIELA

En los 80, en un departamento
de Lafayette Street
amanece tuerto un animal de trapo.
Aunque su dueña
busca durante horas, el ojo
no aparece. Mira la superficie
azul ahora vacía, inquieta
porque la casa entera está distinta.
Sin embargo, oyó decir
las cosas no desaparecen.
En su habitación de adulta
Grover, el muñeco, ofrece
la mitad de una mirada.
Una pierna está cosida. Se ven
algunos otros desperfectos.
Ella lo conservó a pesar de todo
y todo acepta.
Lo único que le duele todavía
es lo del ojo. Aunque de niña
no comió, no jugó
por encontrarlo, sostiene
que hoy sí lo encontraría.
Y es por esa certeza
que Grover puede envejecer
confiado.

EXTRAÑOS. SERGIO

Y ahora que ha despejado lo inmediato
que con los ojos abiertos ya no ve
aparece el recuerdo
de un playón también vacío
que solía llenarse de camiones
cuando la dirección de la casa
era un kilómetro —246
de la antigua ruta 9—
y no existía la autopista.
Habitaciones
un solo baño, un restorán
la rutina quieta, veloz
como la ruta y él
aferrado a un punto fijo:
sujeto de la pata de una mesa
quería alcanzar
las piernas de su madre
que iba y volvía con pedidos.
Viva Boca
le hacían decir los camioneros.
Y no era violencia
hacer hincha de Boca
al hijo de uno al que habían visto
llorar por San Lorenzo.
Se dice que así aprendió a hablar.

Al año y medio, la camiseta
el lenguaje, el buen humor
ofrecidos por los extraños.

EL PAN. CLARISA

A los perros
qué les diría la abuela
qué hablaría con el loro.
Vivía aislada, comía aparte
muy pocas veces
la llamaban por el nombre.
Dejaba escapar las cabras
o ella misma se extraviaba.
Aparecía lejos en días lluviosos.
A mamá, a mí, nos echaron
cuando pudieron de esa casa.
Solo por verla, volvíamos
de visita cada tanto, la recuerdo
sacando un pan duro, una tortilla
que había escondido
debajo de la almohada para mí.
¿Esto buscabas? Era bueno
ese bocado que a otros nenes
les hubiera dado asco.
Su hermana vieja
dueña de todo
nos ofrecía cosas mejores.
Yo no aceptaba.

POEMAS INÉDITOS

DIMINUTIVOS

Bolsas, paquetes, señoras
señores, gallinas
comida, un perro y un nene
durmiendo
nosotros. Todo amontonado
yendo de un pueblo
al que sigue.
Adelante hay dos
que miran el paisaje
sombrero con sombrero.
Él, con voz de niño o de anciano
le presenta cada animal, cada planta
como si la mujer hasta hoy
no hubiera salido del pueblo.
Apunta con el dedo
y va uniendo las cosas que pasan
con su diminutivo.
El silencio de ella, muy largo
me hace pensar que tal vez
conoce el camino
y se calla.
Semejante ternura
loca o senil, le merece respeto.
A mitad de la mañana
y la chatura del viaje

aparecen unas cuantas vicuñas.
Ahora el silencio
a él no le alcanza, se olvida
de la mujer, se da vuelta
y grita: *¡Amigo! ¡Mire!*
¡Mire las vicuñitas!
A los del fondo les grita
pero nadie se siente interpelado
en este micro viejo.
La ternura del hombre
suena sola, destemplada
y al rato desaparece
entre los ruidos
de los otros pasajeros
y las piedras de la ruta
golpeando contra el chasis.

EL CAÑÓN

23 años atrás, igual que hoy
me apoyé en la corteza gris de un árbol
para ver a unos metros de distancia
el comienzo del abismo. Las piedras
que todavía brillan en la luz eran las mismas
porque así resplandecieron por milenios.
Después, el recuerdo pierde claridad
me esfuerzo en observar la otra cara del cañón
pero también la veo borrosa.
Un cartel dice que el ancho de esta grieta
llega a las diez millas.
De aquella vez, hay una foto:
papá hace equilibrio entre dos rocas
sus pocos pelos flotan por la estática.
Ahora soy yo, llevo a mi hija
en el cuerpo a punto de ser viejo
y como entonces a él, también a mí
una mañana como esta me conforma.
La luz del sol y al alcance de la vista
los árboles, las piedras.

INÚTIL

Los cuchillos de casa
devuelven un reflejo difuso.
El que era más útil
ahora tiene quebrada la punta.
Como no están afilados las tareas son lentas.
Eso es bueno si soy yo quien los usa:
pico, parto, punzo
pensando en otra cosa
—lo arruinado, las dificultades por venir—.
Cocino con esfuerzo, sin prestar
atención a mis manos.

CHARLA

Yañez no murió, me dice
pero yo, sentada al borde de su cama
al costadito de su rato de alivio
insisto, y esa vez
hablamos de la muerte de otro.
A los sanos nos sobran las palabras
que a él no le sirven más.
Con los ojos cerrados, llora de dolor
mi papá llora de miedo.
Los accidentes de su cuerpo
lo avergüenzan.
Lo ayudo a sostener el peso
que necesita llevar del baño
hasta la cama
y, como si quedase algo por hilar
algún consuelo, hablo.
Hace un gesto
que es la intención de una sonrisa
su amorosa voluntad.
Meses después
me entero de que ese hombre
en nuestro pueblo sigue envejeciendo
y ya no puedo desdecirme.
No tengo a quién decir tenías razón.

ACENTO

Pongo a prueba el idioma de otros
lo tanteo *sairuy sersh surgery*
pasan los años
en el intento de dar con las palabras
pronunciarlas.
Hoy en el quirófano
de un hospital en Buenos Aires
a mi padre le sacan un riñón
y yo en una ciudad distinta
alzo el peso de mi hija
que quiere alcanzar las monkey bars
la sostengo.
Empujo su hamaca lejos
cerca, lejos. *My father*, digo
now right now.
le hablo a la mujer de la otra hamaca
que empuja en silencio
como si no hubiera relación
entre los sonidos
que soy capaz de hacer
y las palabras que conoce
como si hubiese que matar
con la ignorancia las culebras
que me salen de la boca.
No debería hablar de cosas
que estén sucediendo justo ahora.

UÑAS

1

Agarro firme una mano o un pie
y los cruzo sobre mi falda
buscando mejor posición
para nuestros cuerpos, la tijera y la luz:
cuarenta uñas por semana ¿y cuántas van?
A medida que corto, se me acorta la vista.
Sostengo su mano más lejos, la tijera
más lejos,
no le encuentro buen lugar a la lámpara.
Busco los anteojos
y todo vuelve a estar claro: deditos,
cutículas, la superficie rosada y el borde
oscuro de tierra
que con suerte desaparece en el corte.

2

En el parque, la otra mujer me habla
como si abriera una puerta:
Twenty nails once a week
y a eso hay que sumarle las nuestras.
I skip some weeks.

3

Las uñas hoy están largas
pero ella cree que va a ser doloroso
y se esconde de la madre monstruo
igual que en los sueños.
Me enojo: seis años de hacerlo
con total eficiencia
y ningún accidente.
La persigo con la tijera en la mano.
No hay caso, perdió la confianza.

PLAGA

Acá se les permite a los hijos
contemplar el árbol
no treparlo, las flores
de las plantas no se cortan
y la araña siempre se retira
viva y con respeto.
Estos días sin embargo
el municipio pone anuncios
en las calles y en las redes
invasive destroy it infestation.
Los vecinos suben fotos
de a cientos.
Con las alas plegadas:
una superficie
de manchas discretas.
Con las alas abiertas: negro
sobre rojo fuerte, un corazón
manchado.
Debajo, ristras de comentarios.
Kill it!
Ayer vi la imagen
de la tarea cumplida
el negro, el rojo
y el amarillo intenso del torso
mezclados.

You have to kill it!
La ciudad entera acuerda.
Cerca del lago una nena
y su mamá se dan impulso
precisas y alegres en el zapatazo.
Spotted lanternflies
intento pronunciar y traducir.
Ataca la región
una plaga peligrosa
de linternas manchadas.

ÍNDICE

EL INTERIOR DE LA BALLENA

(2000)

VIAJAR DE NOCHE

(2007)

PRIMERO

(2020)

POEMAS INÉDITOS

Las ediciones originales de los libros incluidos en este
volumen son: *El interior de la ballena* (Nusud, 2000).
Viajar de noche (Limón, 2007) y *Primero* (Caleta Olivia, 2020).

SE IMPRIMIÓ EN ABRIL DE 2024, CON LAS MELIAS EN FLOR.

LAS HABAS GRANADAS Y LOS VENJCEJOS REGRESADOS.